Grace Ledden, MA, BCBA

# Se mig blomstra när jag får nya vänner

# Se mig blomstra när jag får nya vänner

En självhjälpsbok för barn med autism om hur man hanterar känslor, utvecklar sin sociala förmåga och knyter meningsfulla kontakter.

Skriven av Grace Ledden, MA, BCBA
Illustrerad av CyAn Platas

Häftad utgåva          ISBN: 978-1-962410-22-9
Digital utgåva         ISBN: 978-1-962410-23-6

Publicerad av Daily Bloom LLC - Tennessee, USA

**Till alla familjer som lever det unika livet med autism.**

Denna bok är tillägnad er, som en hyllning till den resa ni dagligen ger er ut på. Låt den bli en liten påminnelse om att ni är sedda, att ni är älskade och att ni inte är ensamma. Grattis till det fantastiska liv ni lever och de berättelser ni dag efter dag fortsätter att skriva.

Denna bok tillhör

_____

Hej! Jag heter Olivia. Jag är fem år och älskar att läsa böcker om katter, räkna allt jag ser och rita olika flaggor från världen.

Jag är lite annorlunda mot andra barn i min ålder. Jag har autism. Det gör mig unik, men det gör också att jag kan ha svårt att få vänner.

En dag var jag på lekplatsen och såg andra barn som lekte och hade kul. Jag ville leka med dem men jag visste inte hur. Jag kände mig osäker.

Mina händer började darra och jag kände hur hjärtat bankade som en trumma i bröstet. Jag vågade inte gå fram till de andra barnen. Tårarna började rulla nerför kinderna när jag satt där med mina alldeles för stora känslor. Jag visste inte vad jag skulle göra.

Plötsligt hördes det ett rasslande i buskarna och jag såg en kaskad av gnistrande stjärnor. Ut hoppade en liten tomte med blont hår, stora blå ögon och röd toppluva.

"Hej Olivia," sa hon. "Jag heter Rosie och jag är din Bloom Buddy."

Jag visste inte vad jag skulle säga . Jag var överraskad och förundrad. Jag hade aldrig träffat en Bloom Buddy förr.

"Olivia," sa Rosie när hon såg hur jag reagerade. "Hur känner du dig? Jag ser att du är lite upprörd. Varför springer du inte bort dit och leker med de andra barnen?"

"Jag är för blyg och för rädd," svarade jag. "Jag vet inte hur man får nya vänner."

Rosie log mot mig. "Man får känna sig blyg och rädd, Olivia. Jag känner mig också det ibland. Det kan kännas lite läskigt att skaffa nya vänner, men det kan vara kul också. Jag vet att du klarar det och jag är här för att hjälpa dig!"

"När jag vill bli kompis med andra Bloom Buddies och känner mig rädd brukar jag låtsas att jag har en bubbla omkring mig. I den bubblan känner jag mig modig, trygg och självsäker! Jag kallar den min 'modighetsbubbla'. Jag blundar, föreställer mig att jag befinner mig inne i en stor bubbla som gör mig modig. Jag räknar till tre och sedan öppnar jag ögonen. Jag ska visa dig."

Rosie blundade och satt alldeles stilla i tre långa sekunder innan hon öppnade dem igen. "Det här får alla mina rädda och blyga känslor att krympa till små känslor så att jag blir modig," fortsatte Rosie.

"Då kan jag säga till mig själv 'Jag är modig. Jag klarar detta.' Och jag känner mig självsäker och kan gå fram till andra och säga vem jag är och fråga vad de heter."

"Funkar det här för människor också?" frågade jag Rosie. "Eller funkar det vara för Bloom Buddies?"

Det här funkar för alla, Olivia! Du måste bara föreställa dig att du befinner dig i en modighetsbubbla och sedan säga "Hej, jag heter Olivia. Vad heter du?"

"Vi övar på det ihop," sa Rosie.

Jag föreställde mig att jag befann mig inne i min modighetsbubbla och räknade till tre, precis som Rosie hade gjort. Det funkade! Jag kände mig så modig att jag vågade gå fram och presentera mig.

"Hej, jag heter Olivia. Vad heter du?" frågade jag eftersom modighetsbubblan gjorde mig modig och stark.

"Jag heter Sofia", sa hon och log. "Vill du hoppa hopprep och räkna ihop med mig?"

"Ja, gärna! Att hoppa och räkna är det bästa jag vet," sa jag glatt.

Vi turades om att hoppa medan den andra räknade hoppen. Det var SÅ KUL att vara på lekplatsen och träffa nya vänner som tyckte om att räkna och hoppa hopprep, precis som jag!

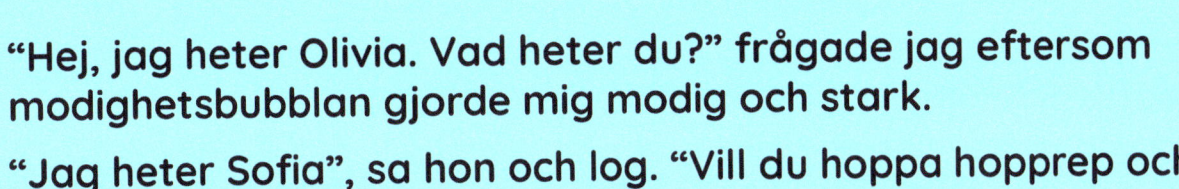

"Bra jobbat, Olivia," sa Rosie. "Kom ihåg att det är okej att känna sig rädd och blyg. Om du någonsin behöver mig igen så bara tänk på mig, och vips är jag här och hjälper dig."

Och efter det försvann Rosie i en sky av gnistrande stjärnor.

Nästa dag gick jag tillbaka till lekplatsen för att leka med min nya vän Sofia. När jag kom fram såg jag att Sofia spelade fotboll med några andra barn. Jag älskar att spela fotboll men det kändes lite otäckt att spela med en massa barn jag inte kände. Jag ville verkligen spela, men det var för många nya barn där. Jag kände mig plötsligt blyg och rädd.

Mina händer började darra och mina det brände i kinderna. Precis när jag vände mig om för att gå hem kände jag en knackning på min axel.

"Hej Olivia. Hur känner du dig?" frågade Rosie. "Du kanske är rädd och tycker det är läskigt att spela fotboll med en massa nya barn? Det är okej att känna sig rädd. Tänk på att du kan gå fram till dem och säga 'Får jag också vara med och spela?'. Du kan väl göra ett försök?"

Jag blundade och föreställde mig modighetsbubblan. Jag räknade till tre och sedan öppnade jag ögonen. Jag gick fram till Sofia och hennes vänner och sa "Hej, jag heter Olivia. Får jag också vara med och spela?"

"Hej Olivia!" sa alla barnen i kör. "Absolut, vi kan behöva en extra spelare."

De lät mig vara med, och lyckligtvis hamnade jag i samma lag som Sofia!

"Olivia," sa Sofia medan hon sprang fram till mig. "Vad kul att du kom hit och vill spela fotboll med mig och mina vänner. Kom igen! Nu ska vi ha kul!"

Det var så roligt att spela fotboll ihop. Vi gjorde till och med två mål!

"Bra jobbat, Olivia," sa Rosie. "Kom ihåg att det är okej att känna sig osäker och blyg. Använd bara dina ord och presentera dig själv eller så kan du fråga om du också får vara med och spela. Om du någonsin behöver mig igen så bara tänk på mig, och vips är jag här och hjälper dig."

Och efter det försvann Rosie än en gång i en sky av gnistrande stjärnor.

Några dagar senare, på lunchrasten i skolan, såg jag en pojke sitta ensam och läsa en bok om flaggor. Jag ville tala om för honom att jag också tycker om flaggor! Men jag var rädd. Tänk om han inte ville prata med mig? Men då kom jag att tänka på vad Rosie hade lärt mig.

Jag blundade och låtsades att jag befann mig inne i modighetsbubblan igen. Jag räknade till tre och öppnade ögonen. Jag gick fram till pojken och kände hjärtat dunka som en trumma i bröstet.

"Hej, jag heter Olivia. Får jag sitta här med dig?" frågade jag.

Han tittade förvånat upp, men sedan log han. "Visst", sa han. "Jag heter Jaylen."

"Jag tycker om att rita flaggor. Det är det bästa jag vet", sa jag.

"Gör du? Jag tycker om att läsa om flaggor. Det är det bästa jag vet!" svarade Jaylen.

Vi tillbringade lunchrasten ihop och pratade om hur mycket vi älskade flaggor. Han gillar att lära sig om dem och jag gillar att rita dem. Han blev min nya kompis i skolan.

När jag gick tillbaka till klassrummet med mina flaggteckningar dök Rosie upp i en skimrade kaskad av gnistrande stjärnor.

"Bra jobbat, Olivia. Jag är så stolt över dig! Du har just skaffat en ny vän alldeles på egen hand. Du behövde inte min hjälp. Du kom ihåg att du skulle blunda, föreställde dig att du var i en modighetsbubbla, räknade till tre och öppnade ögonen. Du kom också ihåg att presentera dig och fråga vad han hette."

Jag log mot Rosie. Hon hade hjälpt mig att känna mig modig och självsäker och nu har jag två nya kompisar.

Rosie kastade en slängkyss åt mig innan hon åter försvann i en sky av gnistrande stjärnor, men jag visste att jag skulle få se henne igen.

För varje ny dag och med Rosies hjälp fick jag fler och fler vänner. Jag hade lärt mig att det är okej att vara rädd, men det är också viktigt att vara modig. Rosie hjälpte mig att hitta den styrka och det mod jag behövde.

Nu när jag ser andra barn som leker blir jag inte rädd. Jag vet att jag kan gå fram till nya vänner, presentera mig och fråga vad de heter. Jag kan bjuda in nya vänner att leka med mig eller fråga om jag får vara med dem.

Jag har lärt mig att det ibland kan kännas läskigt att lära känna nya vänner, men jag är modig, och jag klarar allt!

Jag är fortfarande Olivia, flaggkonstnären som älskar katter och räknar siffror, men jag är också Olivia, hon som är modig och bra på att skaffa nya vänner!

# Se ditt barn blomstra med fler Daily Bloom självhjälpsböcker!

# Hjälp mig att växa - Dela med dig av din feedback!

Som oberoende författare är din recension av stor betydelse för mig. Den hjälper mig att nå ut till nya läsare och att fortsätta skapa berättelser som berikar små barns liv.

**Skanna QR-koden nedan för att lämna en recension och upptäcka mer från Daily Bloom.**

Som tack kan du också ladda ner exklusivt innehåll med Bloom Buddies!

PRIVACY.FLOWCODE.COM

Om författaren

Grace Ledden, MA, BCBA, är en certifierad beteendeanalytiker med inriktning på att utforma individuellt stöd och behandling för små barn med diagnosen autism samt deras familjer. Grace har en magisterexamen i tillämpad beteendeanalys med särskild inriktning på autism. Grace arbetar med att utforma visuella stöd och verktyg som hjälper små barn och deras familjer att orientera sig i sin omvärld och leva ett mer meningsfullt liv. Grace vill bidra till att göra världen mer inkluderande, accepterande och förstående när det gäller neurodiversitet.

Tack för att du valt att läsa "Se mig blomstra när jag får nya vänner" för ditt barn.

Min förhoppning med denna serie är att ge våra unga läsare en spegel som reflekterar deras upplevelser och känslor, samtidigt som de får ta del av konkreta strategier och tekniker. Genom att förstå, hantera och uttrycka sina känslor kan de lägga grunden för känslomässig motståndskraft och självkännedom.

Den här berättelsen har inspirerats av det tysta mod jag sett hos många barn, särskilt de med autism. Med Rosie som magiskt dyker upp när Olivia känner sig osäker, blir Olivia inte bara modig nog att skapa kontakt med andra barn, hon hittar också sin modighetsbubbla som hjälper henne att skaffa nya vänner.

Precis som växter blommar när de får solsken och omvårdnad, blommar barn upp när de får förståelse och vänner. Låt oss tillsammans hjälpa alla barn att odla en grönskande plats fylld med meningsfulla kontakter.

- Grace Ledden

# Fler sätt att blomstra när man får nya vänner

www.ingramcontent.com/pod-product-compliance
Lightning Source LLC
Chambersburg PA
CBHW041434120626
46547CB00002B/218